P. F. GIRARD

# COURS DE PANDECTES

## LEÇON D'OUVERTURE

*(Extrait de la Revue Internationale de l'Enseignement)*

**Cette brochure ne peut être mise dans le commerce**

PARIS

LIBRAIRIE MARESCQ AINÉ

A. CHEVALIER-MARESCQ & C^{ie} ÉDITEURS

20, RUE SOUFFLOT, 20

1903

# COURS DE PANDECTES

## LEÇON D'OUVERTURE

P. F. GIRARD

# COURS DE PANDECTES

## LEÇON D'OUVERTURE

*(Extrait de la Revue Internationale de l'Enseignement)*

**Cette brochure ne peut être mise dans le commerce**

PARIS

LIBRAIRIE MARESCQ AINÉ
A. CHEVALIER-MARESCQ & C^ie ÉDITEURS
20, RUE SOUFFLOT, 20

1903

# COURS DE PANDECTES

---

## Leçon d'ouverture du cours fait à la Faculté de droit de Paris
## pendant l'année scolaire 1902-1903 (1)

Vous savez, Messieurs, déjà probablement, pour la plupart, quel est le caractère et quel doit être cette année le sujet du cours de Pandectes que je commence aujourd'hui pour les candidats au premier examen de doctorat juridique.

I. — Le cours de Pandectes, des Facultés de droit françaises, très différent des cours du même nom faits dans les Facultés de droit allemandes jusqu'à la promulgation du nouveau Code, est, d'après son cadre depuis longtemps établi et correspondant à la nature de l'examen, un cours portant sur une matière de droit romain, étroitement délimitée, dont le professeur traduit et commente tous les textes, en épuisant sur chacun d'eux les moyens d'investigation de toute sorte, de façon à ce que la traduction et le commentaire de l'un de ces textes, puissent, à leur tour, occuper, d'une manière utile et probante, le temps consacré à une interrogation.

Il tire de là l'originalité qui le distingue au milieu d'à peu près tous les autres cours de licence et même de doctorat. Tandis que les autres cours font principalement connaître des résultats, il montre comment ces résultats s'obtiennent. Dans les autres cours, les étudiants sont mis au fait des données déjà admises par la science ou acquises par le travail propre du professeur, que celui-ci s'efforce

---

(1) On a pensé que les idées exprimées, sans aucune arrière-pensée de publicité, dans cette première leçon, tant sur la nature du cours de Pandectes que sur le sujet concret du cours de 1902-1903, pourraient avoir un intérêt pour ceux des lecteurs de la *Revue internationale de l'Enseignement* qui se préoccupent des choses du droit romain. Nous donnons ici la leçon telle qu'elle a été dite, sans y ajouter aucun des renvois de textes et d'auteurs, qu'eût exigé un article en formes sur les mêmes questions, en lui laissant le caractère ouvertement scolaire qui est, en même temps que son imperfection la plus visible, la raison d'être de sa publication.

de leur présenter dans la forme la plus accessible en écartant les détails accessoires et les obscurités secondaires pour n'insister que sur les points essentiels, en restreignant son appareil de preuves aux arguments les plus décisifs, et par là même l'enseignement tend plutôt à dissimuler qu'à faire apercevoir les difficultés qu'il a fallu traverser pour arriver aux conclusions, les tâtonnements au prix desquels s'obtiennent les moindres certitudes scientifiques. Le cours de Pandectes, par le côté même qui en semble le moins moderne, le plus scolastique, par la prédominance qui y revient à l'explication immédiate des textes, conduit à montrer expérimentalement comment se rencontrent ces difficultés et comment elles se surmontent, comment on entre en contact avec les sources, comment on arrive à se reconnaître au milieu des documents en sachant distinguer les bons des mauvais, les purs des corrompus et ceux qui ont une valeur de ceux qui sont sans portée, en ne laissant échapper aucune indication utile et en sachant se défendre contre les occasions d'erreur. Il fournit, en somme, à ceux qui le suivent, une occasion de se familiariser avec les procédés critiques, par lesquels il faut traiter les textes pour faire sur eux un travail profitable. C'est là son utilité fondamentale qui procède, comme vous voyez, de sa nature même de cours consacré à l'interprétation directe des sources et de laquelle j'ajouterai qu'elle s'est, à mon avis, encore accrue, depuis quelques années, avec le caractère historique qu'a de plus en plus revêtu l'enseignement du droit romain.

J'ai lu dernièrement, à propos de projets de réformes de l'enseignement du droit, dans un travail qui examinait successivement la valeur didactique des différents cours et qui d'ailleurs appréciait et célébrait celle du cours de Pandectes, que, par suite de l'orientation historique donnée à l'enseignement, il tendait de plus en plus à se transformer, de cours consacré à l'explication des textes, en cours d'histoire approfondie du droit romain. Je suis personnellement très partisan de l'application de la méthode historique à l'étude du droit romain et j'ai contribué, dans la mesure où je l'ai pu, à son emploi dans l'enseignement. Mais je suis sur les conséquences de son triomphe quant au caractère du cours de Pandectes, d'un avis diamétralement opposé. Je crois que la conclusion que l'on tire là de la transformation de l'enseignement du droit romain procède d'une erreur, d'une erreur analogue à celle que des personnes moins bien intentionnées pour le droit romain ont faite encore plus souvent, en disant que, maintenant que l'enseignement de droit romain de licence est devenu résolument historique, il doit demander aux maîtres et aux élèves moins de peines et moins de temps, puisqu'il n'y a plus besoin de s'y reporter aux textes.

Je ne pense pas avoir à vous démontrer que les renvois aux textes, c'est-à-dire aux preuves de ce qu'on allègue, sont aussi indispensables en histoire, et en particulier en histoire du droit romain, que partout ailleurs. Un travail historique, comme un travail quelconque, n'a de valeur que s'il fournit l'énonciation précise et facile à vérifier des raisons par lesquelles l'auteur est arrivé à ses conclusions. Et c'est ainsi que sont faits les livres et les cours sérieux dont on peut tirer une instruction raisonnée et non pas seulement des formules gratuites, acceptées de confiance et apprises par cœur. Mais, je le remarquais tout à l'heure, si les cours bien faits donnent toutes les preuves nécessaires à la justification de leurs propositions, ceux qui les font s'efforcent nécessairement de présenter ces preuves dans la forme la plus commodément assimilable, en réduisant les argumentations les plus compliquées à leurs termes indispensables, en ne prenant parmi les documents que les plus décisifs et les plus clairs, et par suite on peut dire que plus le travail sera bien fait, moins il donnera à ceux qui en profiteront la notion de la méthode par laquelle son auteur sera parvenu à ses résultats, de la façon dont il s'y sera pris pour se procurer ses matériaux, pour les classer et pour en tirer parti.

Le cours de Pandectes est tout le contraire. Au lieu de mettre en face de la construction terminée, il montre comment on arrive à l'élever. Il fait assister aux recherches préalables par lesquelles on acquiert soi-même les idées qu'on présente ensuite aux autres dans la forme la meilleure que l'on peut. Et, sous ce rapport, je crois que l'utilité et l'intérêt de ce cours consacré à l'examen direct des textes ont encore augmenté avec la transformation des études de droit romain, je crois que, s'il avait sa place légitime dans le cadre du doctorat, à l'époque où l'enseignement ordinaire de droit romain de licence s'en tenait à l'exposé dogmatique des solutions des recueils de Justinien étudiées en elles-mêmes, comme une sorte de législation positive, sans grande distinction ni de temps ni de personnes, il est, précisément comme cours d'étude des sources, beaucoup plus nécessaire dans un système où l'on étudie le droit romain historiquement, en cherchant pour chaque idée, pour chaque institution. toutes les informations qui peuvent être rassemblées sur sa naissance et sur son développement. Il y a toujours des textes à traduire et à interpréter. Mais il est beaucoup plus nécessaire qu'auparavant d'apprendre à traduire et à interpréter ces textes; car ils deviennent plus nombreux et plus disparates; car les questions qu'ils soulèvent deviennent plus abondantes et plus complexes; car les procédés par lesquels on doit les traiter deviennent plus variés et plus délicats;

car, avec ce nouveau point de vue, au lieu de borner ses investigations aux recueils de Justinien, accompagnés tout au plus de quelques autres textes juridiques peu nombreux et facilement abordables, il faut les étendre à tous les documents quelconques susceptibles de fournir un renseignement utile sur n'importe quel point
des lois romaines; car, enfin, pour les textes des compilations de
Justinien eux-mêmes, il faut, au lieu de les traiter comme des
espèces d'articles de code, ayant du moment qu'ils sont dans ce
code, en dehors de toute question de date et de provenance, sensiblement tous la même autorité législative, essayer de les ramener
à leur physionomie et à leur portée premières, afin d'en tirer des
témoignages sur le droit des temps très divers pour lesquels ils ont
été écrits par les empereurs et les jurisconsultes avant de prendre
la forme dernière, presque toujours mutilée, souvent dénaturée,
que leur a donnée Justinien.

C'est évidemment plus difficile, et par conséquent la méthode
par laquelle cela se fait a plus besoin d'être étudiée. Je dirai de
plus qu'à mon avis elle est plus intéressante à étudier, parce
qu'elle présente un caractère plus large et plus complexe, parce
qu'elle est par là moins étroitement spéciale aux études de
droit romain, parce que c'est en somme la méthode critique qui,
avec des nuances techniques de détail, est sensiblement la même
pour tous les travaux scientifiques, qu'il n'est pas seulement indispensable de suivre pour faire des recherches sérieuses d'histoire du
droit romain, mais pour faire des recherches historiques quelconques, pour interpréter correctement des documents quelconques,
aussi bien au fond des actes notariés de notre temps ou des travaux
préparatoires de loi d'aujourd'hui que des diplômes mérovingiens
ou des fragments de jurisconsultes romains. Je crois donc que, si ce
cours est fait et suivi comme il doit l'être, il contribuera à vous
familiariser avec une méthode qui n'est pas uniquement applicable
aux monuments du droit romain.

II. — A nous en tenir au droit romain, pour atteindre parfaitement le but que je vous ai dit lui assigner, le cours de Pandectes
doit naturellement porter sur une matière satisfaisant à certaines
conditions.

Il doit d'abord, autant que possible, porter sur une matière présentant une certaine importance apparente, un certain intérêt
ostensible, afin que les recherches ne paraissent pas trop stériles à
des commençants qui seraient facilement enclins à se demander s'il
vaut la peine de dépenser tant de soin pour élucider des problèmes
d'aspect trop oiseux, quoique au fond l'on puisse dire que ce n'est

là que ménager un préjugé, quoique l'on doive dire en réalité que tout doit être étudié, qu'il faut examiner tous les documents et se poser toutes les questions avec le même soin parce qu'on ne peut jamais savoir d'avance si les faits positifs qu'on découvrira en étudiant une question d'apparence puérile, un document qui semble tout à fait insignifiant, ne jetteront pas une lumière nouvelle sur un point de première importance, ne revèleront pas, comme il est arrivé souvent, des erreurs ou des impostures énormes sur des matières fondamentales.

Il faut ensuite et encore plus une question sur laquelle les recherches modernes, faites avec l'outillage scientifique actuel, aient encore été assez discrètes, sur laquelle la littérature reste assez pauvre ou assez peu satisfaisante pour qu'on ait chance d'y éclairer quelque point nouveau, petit ou grand, d'y découvrir quelque vérité ou d'y écarter quelque erreur, de n'en être pas exclusivement réduit à une relation pure et simple des raisons par lesquelles se justifient des conclusions unanimement admises par toutes les personnes compétentes.

Enfin et avant tout le reste, il faut que la matière choisie présente des textes assez nombreux, assez divers et assez riches en difficultés pour qu'on ait occasion d'expérimenter successivement sur eux tous les procédés d'investigation dont dispose la science et qui ne sont par exemple pas identiquement les mêmes pour les textes épigraphiques, pour les textes littéraires, pour les textes juridiques qui nous ont été transmis directement et pour ceux qui nous sont parvenus dans les compilations de Justinien.

Le sujet que j'ai choisi pour mon cours de cette année, l'explication des textes relatifs aux jurés civils romains, *unus judex*, *arbitri*, *recuperatores*, et même en étendant un peu le sens du nom de juré, *centumviri*, *decemviri litibus judicandis*, *tresviri capitales*, en somme à ce qu'on appelle dans l'étude de la procédure civile les autorités qui siègent *in judicio* par opposition à celles qui siègent *in jure*, correspond, je crois, parfaitement à toutes ces conditions.

Il n'existe certainement aujourd'hui, dans aucun pays, de livre dans lequel on puisse trouver rassemblée, d'une manière suffisamment complète et exacte, la somme de renseignements qui peut, dans l'état présent de la science, être tirée, sur cette matière, de l'ensemble des sources. Quoiqu'il y ait eu, dans les trente ou quarante dernières années, un certain nombre d'études spéciales, qui ont renouvelé la position de la plupart des questions touchant à la procédure civile romaine, ces résultats n'ont, en particulier pour notre sujet, été accueillis et groupés dans aucun ouvrage général, parce qu'il n'y a pas eu de nouvel ouvrage sur la procédure romaine depuis celui de Bethmann-Hollweg qui est paru entre 1864 et 1866 et celui plus court de Keller dont la 1ʳᵉ édition est parue en 1852, dont à la vérité on a continué à publier des éditions annotées et mises au courant après la mort de l'auteur, mais dont la dernière édition est elle-même de 1883, parce qu'il n'y a pas non plus encore d'ouvrage complet sur l'organisation judiciaire et parce que ces points ne sont forcément touchés que tout à fait sommairement dans les traités généraux de droit romain.

Quant à l'abondance, à la diversité et à la difficulté des textes, notre sujet ne laisse non plus rien à souhaiter. Nous avons à la fois des textes littéraires, épigraphiques et juridiques éparpillés de tous côtés et soulevant les problèmes les plus divers. Il y a des points capitaux, par exemple celui du mode de nomination des récupérateurs, sur lesquels les sources juridiques ne disent pas un mot, qui sont exclusivement connus et qui d'ailleurs le sont fort convenablement par des passages d'auteurs littéraires et surtout par des inscriptions; ainsi par des inscriptions réglant législativement la nomination des récupérateurs dans certaines matières et dans certains milieux. Il y a d'autres points, comme le recrutement dans les différentes parties de l'empire des personnes inscrites sur les listes des jurés, pour lesquels les renseignements les plus abondants sont fournis moins encore que par des témoignages isolés, par la statistique des inscriptions où les parents et les amis de ces jurés ont, en particulier après leur décès, sur leurs tombes, rappelé l'honneur qu'ils avaient eu de leur vivant d'être inscrits sur les listes du jury de Rome. Enfin, pour les textes juridiques sur lesquels j'insisterai principalement, tout en relevant exactement les textes littéraires et épigraphiques et en traduisant les plus importants, les textes juridiques les plus nombreux, ceux des compilations de Justinien, destinés à exprimer législativement le droit de son temps, ne peuvent parler, dans leur forme actuelle, d'aucune de nos autorités, toutes disparues à l'époque de ces compilations. Lorsqu'ils parlent de *judex*, ils ne visent l'*unus judex*, l'ancien juré civil unique, que quand ils y ont été conservés par mégarde ou rapportés au *judex pedaneus* tout différent de la procédure extraordinaire. Ils ne gardent pas non plus le nom des centumvirs et des récupérateurs qui a été uniformément remplacé par le mot *judices* dans les textes conservés qui leur étaient primitivement relatifs. En sorte que ce n'est que par des raisonnements tirés de ce qu'on sait grâce à d'autres informations soit de l'*unus judex*, soit des récupérateurs, soit des centumvirs que l'on peut leur rapporter et utiliser, pour les connaître plus complètement, les textes du Digeste et du Code qui les visaient directement dans leur forme première. En sorte qu'il nous faudra pour notre travail, en dehors du témoignage de Gaius et de ceux assez brefs de quelques autres auteurs juridiques, employer principalement des textes épigraphiques, des textes littéraires et des textes interpolés, c'est-à-dire des textes des trois catégories avec l'interprétation desquelles celui qui fait des études historiques de droit romain a le plus besoin de se familiariser.

Enfin, je ne pense pas que, si l'on admet que les études historiques aient un intérêt, on puisse contester l'importance que présente, pour l'histoire du droit romain, la matière dont j'expliquerai les textes ; car ce dont il s'agit là, c'est peut-être du trait le plus original du droit romain, de cette séparation de l'instance en deux phases, le *jus* se passant devant le magistrat et le *judicium* se passant devant le juré, qui a été le caractère fondamental et déterminant de la procédure romaine depuis des temps très reculés jusqu'aux environs de Dioclétien.

A la vérité, cette division qui associe les particuliers à l'administration de la justice civile, ne remonte pas aux origines mêmes de Rome. Il semble tout au contraire que la justice civile rendue exclusivement par la puissance publique s'est développée plus tôt à Rome que dans beaucoup d'autres milieux. Cela tient à la façon dont a été résolue à Rome ou peut-être, dès avant la fondation de Rome, chez les ancêtres latins des Romains, un problème qui s'est posé pour tous les peuples le jour où ils ont éprouvé le besoin d'avoir des tribunaux civils, où ils ne se sont plus contentés des procédures qui ont été, je crois, à peu près partout les plus anciennes. des procédures extrajudiciaires dans lesquelles on se fait soi-même justice, en vertu d'un droit patent, dans certaines formes arrêtées. Lorsque ces procédures sont devenues insuffisantes, qu'on a éprouvé le besoin de procédures judiciaires servant à faire trancher des procès, à assurer la reconnaissance et la satisfaction de droits contestés, il a fallu s'occuper de faire respecter la sentence de l'arbitre quelconque par celui à qui elle donnait tort. Mais ce n'a pas été facile, précisément parce que le soin de rendre la justice entre particuliers n'était pas encore nettement conçu comme une fonction de la puissance publique. Aussi on a cherché, pour assurer le respect du jugement, dans les époques et les lieux les plus variés, aussi bien en droit barbare que dans notre ancien droit français, dans le droit grec exprimé par les poèmes homériques comme en droit celtique, des moyens très divers, des moyens répressifs tendant à forcer le perdant à accepter la sentence déjà rendue, des moyens préventifs surtout amenant les parties à s'engager d'avance à la respecter.

Les Romains ou peut-être leurs ancêtres ont trouvé, pour atteindre ce résultat, un expédient dont l'ingéniosité ressemble singulièrement à celle de beaucoup d'institutions inventées plus tard à Rome par les praticiens pour permettre d'obtenir à l'aide d'un rouage légal un résultat auquel il n'était pas destiné, ainsi l'utilisation de la règle des XII Tables défendant au père de vendre le fils plus de trois fois pour l'émancipation, ainsi celle du cérémonial de l'action réelle pour la translation de la propriété et la constitution des servitudes par *in jure cessio*. On a eu l'idée de faire trancher le procès civil par l'autorité la plus respectée de l'Etat, par celle contre la décision de laquelle la révolte serait la plus inconcevable, par le chef du groupe, par le roi qui se trouvait à la tête de chaque cité latine afin de commander son armée à la guerre et d'assurer ses rapports avec les dieux pendant la paix. Et, comme ce roi qui se considérait comme ayant qualité pour réprimer les offenses faites à l'Etat ou à ses dieux, pour administrer la justice criminelle, ne se tenait pas pour astreint à régler les litiges des particuliers, à rendre la justice civile, on s'est avisé de le forcer à la rendre malgré lui en transformant les procès civils en procès criminels. Les plaideurs qui voulaient lui faire trancher leur litige prêtaient sur l'objet de ce litige deux serments contradictoires dont l'un était nécessairement faux, appelait une expiation que le roi devait assurer pour que la vengeance des dieux ne s'étendît pas à la cité. Et pour savoir quel était celui des serments à l'auteur duquel il devait infliger cette expiation comme chef de la justice répressive, il lui fallait bien chercher qui avait tort et qui avait raison. C'est là, je crois, la seule façon d'expliquer la *legis actio sacramenti* dans laquelle le roi, qui ne s'occuperait pas directement de savoir qui est propriétaire ou créancier, s'occupe de savoir de qui le *sacramentum* est *justum*. L'invention de cet expédient pour faire trancher les contestations privées par la puissance publique explique que les expédients inventés ailleurs pour faire respecter et accepter les décisions arbitrales de particuliers plus ou moins autorisés ne se rencontrent pas à Rome, que jusqu'à Justinien la convention d'arbitrage soit restée une convention sans efficacité propre, obligatoire seulement quand elle a été revêtue des formes du contrat verbal et seulement dans la même mesure que les autres contrats verbaux. Elle explique aussi que, dans les temps les plus reculés de Rome, l'administration de la justice civile ait appartenu exclusivement à l'Etat, lui ait appartenu plus exclusivement que partout ailleurs.

Mais, lors de l'affaiblissement général des pouvoirs du chef de l'Etat qui a suivi la chute de la royauté, les pouvoirs qu'il avait eus jusqu'alors en matière de justice civile ont reçu pour correctif précisément l'institution du jury. C'est une réforme que deux traditions contradictoires seulement en apparence rattachent l'une à Servius Tullius, l'autre aux fondateurs de la République, qui en tout cas était certainement accomplie à l'époque de la confection des XII Tables. Il a été décidé que les procès liés devant le magistrat ne seraient plus jugés par lui, mais par un ou plusieurs particuliers choisis par les parties et institués par lui.

Cette délégation. que je crois avoir été pour le magistrat une obligation et non pas une faculté, a commencé, verrons-nous, par porter sur des particuliers institués uniquement pour une affaire isolée, en général sur un juré unique, l'*unus judex*, sur trois arbitres seulement dans un ou deux cas entre citoyens, entre citoyens et étrangers sur des jurés multiples appelés *recuperatores*.

Par la suite, dans la dernière période de la domination exclusive des Actions de la loi ou vers les premiers temps de l'introduction de la procédure formulaire, il se produit certains changements : les récupérateurs commencent à statuer sur les procès entre citoyens ; un collège de magistrats inférieurs, les triumvirs capitaux statuent dès le temps des Actions de la loi sur certaines actions pénales ; en outre, par une réforme dont la date précise n'est pas connue et qui modifie plus profondément le système, certaines affaires importantes. au lieu d'être jugées par des jurés, sont déférées à deux collèges plus ou moins stables, les centumvirs et les décemvirs. Enfin le système reçoit une atteinte encore plus grave des nouveaux pouvoirs que le magistrat tient de la loi Aebutia, introductive de la procédure formulaire, et qui lui permettent plus ou moins largement de statuer lui-même au lieu de renvoyer la solution du litige au jugement d'autrui.

Mais cependant, malgré ces atteintes, la division de l'instance en deux phases à la seconde desquelles le magistrat est étranger, dans la seconde desquelles le jugement appartient généralement à un particulier, reste le trait caractéristique du régime romain sous les deux premiers systèmes de procédure. Elle a eu, au point de vue politique, pour résultat de faire du jury le tribunal civil de droit commun pendant la République et les premiers siècles de l'Empire. Au point de vue du mécanisme juridique, ce système a été le ressort initial non seulement de la procédure formulaire, mais du droit prétorien et c'est sous lui qu'ont été faites toutes les créations juridiques de la République et du Principat, qu'ont écrit à peu près tous les jurisconsultes dont les ouvrages nous sont parvenus. En revanche, il a certainement disparu depuis Dioclétien. Nous n'aurons donc pas plus à étudier la période byzantine que la période royale. Mais il ne nous en restera pas moins à explorer un champ fort large et fort intéressant, avec des textes suffisamment variés et sans que notre tâche soit rendue trop superflue par les ouvrages existants.

III. — Quant au plan que je suivrai dans mes explications, il est commandé par ce que j'ai dit de la nature du cours et de mon opinion sur l'ancienneté respective des diverses autorités qui fonctionnent *in judicio*.

S'il s'agissait pour moi d'exposer, dans un cours du type ordinaire, des résultats déjà acquis, je pourrais les exposer ou bien suivant un plan dogmatique, en étudiant par exemple d'abord le recrutement et la nomination des différentes sortes de jurés, puis leurs fonctions, ou bien encore suivant un plan géographique, en étudiant le champ d'exercice et le fonctionnement des unes et des autres, à Rome, dans les cités italiques, dans les provinces, ou encore suivant un plan historique en déterminant par exemple les règles qui les régissent, d'abord au temps des Actions de la loi, puis dans la période qui se place entre la loi Aebutia et les lois Juliae d'Auguste, puis sous le Principat depuis les lois Juliae. Et le meilleur plan serait peut-être même une combinaison des trois. Mais, en tout cas, il est bien sûr que, dans un exposé systématique de ce genre, le dernier plan auquel je songerais serait celui qui comporterait l'explication par cases séparées, des témoignages relatifs à chacune des catégories d'autorités statuant *in judicio*. Ce plan est au contraire celui qui convient le mieux à un cours où je dois dépouiller les documents que nous avons sur chacune des catégories pour montrer ensuite les conclusions plus générales qu'on peut en tirer.

L'ordre dans lequel je ferai ce dépouillement est pareillement indiqué par ce que je vous ai déjà dit et ce que j'espère vous prouver de l'ancienneté respective des diverses autorités qui figurent *in judicio*. On a autrefois souvent considéré les deux collèges des centumvirs et des décemvirs comme ayant été les plus anciennes autorités statuant *in judicio* comme ayant déjà tranché toutes les instances importantes au début de la République ou même au temps des rois où on les considérait, en vertu d'idées préconçues inspirées notamment par le rapprochement du droit germanique, comme ayant exprimé le concours du peuple aux procès réels ou personnels engageant la liberté ou les biens du citoyen. Sans aller jusque-là, on considère encore quelquefois les décemvirs comme remontant à une époque ancienne de la République, aux premiers temps où la plèbe se vit reconnaître dans l'Etat une existence et des organes distincts. Je crois que ces deux collèges dont on ne peut établir l'activité par des témoignages positifs qu'au VII<sup>e</sup> siècle de Rome, plus tard que celle des triumvirs capitaux dont l'intervention *in judicio* est attestée au temps de Plaute au VI<sup>e</sup> siècle, sont certainement étrangers à l'époque ancienne. Je crois qu'à l'époque primitive les seules autorités statuant *in judicio* étaient l'*unus judex* et les arbitres pour les citoyens, les récupérateurs pour les pérégrins. J'étudierai donc d'abord dans une première partie : 1° les *judices*, l'*unus judex* qui me retiendra très longtemps non seulement parce que c'est lui qui a eu le plus d'importance et sur qui nous avons le plus de renseignements, mais parce que, le trouvant le premier, j'aurai à traiter sur lui beaucoup de questions que je pourrai ensuite résoudre pour les autres par voie de simples renvois ou d'observations complémentaires très courtes ; 2° les *arbitri,* sur lesquels je serai beaucoup plus bref, qui sont à mon avis infiniment plus voisins des *judices* qu'on n'a souvent supposé, qui n'en sont en grande partie qu'une subdivision, mais qu'en bonne méthode je devrai ici en séparer pour étudier individuellement tous les textes qui s'y rapportent en apparence ou en réalité ; 3° les *recuperatores*, qui nous retiendront un certain temps, qui ont joué un rôle différent sous les Actions de la loi, où ils jugent les procès avec les étrangers, et sous la procédure formulaire, où ils jugent des procès entre citoyens, et sur les deux rôles desquels il y a un certain nombre de documents qu'il faudra examiner avec soin.

En ayant ainsi terminé avec les véritables jurés institués pour une affaire isolée, j'étudierai, dans une seconde partie, les collèges plus ou moins stables, statuant d'une façon plus ou moins constante *in judicio* : *tres viri capitales, decemviri litibus judicandis, centumviri.*

S'il me restait ensuite du temps, je consacrerais un appendice, de l'*arbiter ex compromisso*. Mais il est plus probable que, même en écourtant beaucoup la fin de mes explications, je n'arriverai pas à dépouiller la totalité des textes relatifs aux collèges qui fonctionnent *in judicio*, ni peut-être même aux véritables jurés. L'essentiel sera, dans un enseignement de ce genre, de n'abandonner aucune question sans avoir relevé tous les textes qui s'y rapportent, ni aucun texte sans avoir signalé tous les problèmes qu'il soulève. C'est le travail que je commencerai dans ma prochaine leçon, en m'occupant de l'*unus judex*.

P. F. GIRARD

LAVAL. — IMPRIMERIE PARISIENNE, L. BARNÉOUD & Cie

A. CHEVALIER-MARESCQ ET C^{ie}, ÉDITEURS
20, RUE SOUFFLOT, PARIS

# REVUE INTERNATIONALE

## DE

# L'ENSEIGNEMENT

PUBLIÉE

## Par la Société de l'Enseignement supérieur

Rédacteur en chef : **FRANÇOIS PICAVET**

**Paraît le 15 de chaque mois par fascicule de 96 pages**
**20, Rue Soufflot, PARIS**

ABONNEMENT ANNUEL. France et Union postale, **24** fr. LA LIVRAISON, **2** fr. **50**

## Chaque année parue forme deux volumes du prix de 10 fr. chaque

La Collection comprenant 34 vol. de 1881 à 1896 . . . . . . . **200** francs

### AVIS A MM. LES COLLABORATEURS

Les demandes de tirages à part et d'extraits doivent être envoyées à l'éditeur avec le bon à tirer.

### PRIX DES TIRAGES A PART

| 8 PAGES AVEC COUVERTURE | | 16 PAGES AVEC COUVERTURE | |
|---|---|---|---|
| 100 exemplaires... ... . | **20** fr. | 100 exemplaires......... | **25** fr. |
| Par 50, en plus......... | **5** fr. | Par 50, en plus...... .... | **6** fr. |

### SIMPLES EXTRAITS

Feuilles de 16 pages sur le tirage sans pagination spéciale et avec la couverture de la Revue......... **6** fr. le **100**

LAVAL. — IMPRIMERIE PARISIENNE, L. BARNÉOUD & C^{ie}.